DECLARATION
DV ROY EN FAVEVR
de tous les Fermiers, & autres personnes qui sont entrez & interessez aux partis faits auec sa Majesté & le feu Roy son Pere.

27 Aoust 1625

*Verifiée en la Chambre des Comptes
le 7. iour d'Octobre 1625.*

A PARIS,

Chez C. MOREL Imprimeur ordinai-
re du Roy.

M. DC XXV.

Auec Priuilege de sa Majesté.

22

OVIS PAR LA GRACE
DE DIEV ROY DE
FRANCE ET DE NA-
VARRE, A tous ceux
qui ces presentes lettres
verront, Salut. Ayans cy deuant e-
stably vne Chambre de Iustice pour
la recherche des abus & maluersa-
tions commises au faict de nos finan-
ces, Nous sommes aduertis qu'on a
creu nos Fermiers, & ceux qui ont
traitté pour la vente de nostre Domaine, Greffes & constitutions, rachapts & amortissemens de Domaine, rentes sur le sel, aydes, augmentations de gages, droicts hereditaires, parties casuelles, offices de nou-
uelle creation, remises, auances &
prests d'argent sur lesdites fermes,

A ij

traittez, receptes generales, remifes,
rabais, diminutions, defcharges ob-
tenues par lefdits Fermiers & traittás,
eftre fubiets à ladite recherche , attendu que par l'Edict de l'eftabliffement de ladite Chambre du mois
d'Octobre dernier & nos Lettres de
Declaration du vnziefme Nouembre enfuiuant, Nous l'aurions ordonné fur toutes fortes de perfon-
nes generalement quelfconques, fans
aucun en excepter & referuer, & que
n'eftans lefdits Fermiers & traittans
compris aux roolles des taxes comme nos Officiers de Finance, on pour-
roit cy apres les molefter & trou-
bler, eux, leurs vefues & heritiers,
nonobftant la reuocation de ladite Chambre, fi par mefme moyen
il n'y eftoit par nous pourueu, A
quoy nous fommes d'autant plus en-
clins, que pour la neceffité de nos

ſſaires, Nous auons eſté contrains
d'vſer de moyens extraordinaires &
rechercher noſdits Fermiers & plu-
ſieurs autres perſonnes & Officiers
de moyens & credit, pour traitter a-
uec nous de la valeur d'iceux, leſquels nonobſtant les difficultez eſ-
quelles ils ſe ſont trouuez enuelopez
à cauſe des grandes charges & inte-
reſts qu'ils ont payé pour faire leſdites auances, & ſatisfaire aux conditions de leur traitté aux termes pre-
fix & qui leur eſtoient donnez, dans
leſquels il n'eſtoit pas poſſible de
vendre & debiter les choſes que nous
leur aurions cedees, meſmes que la
plus part d'eux en ſont encores char-
gez, parce qu'il ſe trouue fort peu
de perſonnes pour les acquerir, dont
ils ſouffrent tous les iours de grandes pertes: Ce qui ne les a toutefois
deſtournez de l'affection qu'ils ont à

A iij

noftre feruice. A ces caufes de l'aduis de noftre Confeil & de noftre
propre môuuement, certaine fcien-
ce , plaine puiffance & auctorité
Royale , Auons dit & declaré , di-
fons & declarons par ces prefentes
fignees de noftre main, n'auoir entendu en la recherche par nous or-
donnee par noftre Edict d'eftabliffement de la Chambre de Iuftice du
mois d'Octobre dernier & nos Lettres de Declaration du vnziefme Nouembre enfuiuant, y comprendre les
Fermiers & adiudicataires de nos fermes & les perfônes qui font entrez &
intereffez aux partis faits auec Nous
& noftredit feu Seigneur & pere, foit
pour nofdites fermes, vente de noftre
Domaine, Aydes, Greffes, offices &
droicts hereditaires, augmentations
de gages, conftitutions, rachapts &
amortiffemens de Domaine, rentes,

prests & auances de deniers sur lesdites fermes, traittez & receptes generales, soit à interests & autres conditions, achapts, remboursemens, recompenses, remises, dedommage-
mens, rabais, diminutions & descharges, que ceux qui sont entrez esdites
fermes & traittez, leurs cautions & associez pourroient auoir obtenus de
Nous ou de nostredit feu Seigneur &
pere, profits & gains qu'ils pourroient auoir faits esdites fermes &
traittez, soit en la plus valeur des
choses qui leur ont esté par Nous cedees & delaissees, ou autrement en
quelque sorte & maniere que ce soit,
comme n'estans lesdits Fermiers &
traittans, ny les choses pour lesquelles ils ont traitté auec Nous, subiettes
à recherche, attendu que ce qui a e-
sté faict & arresté auec eux a esté de
la volonté de nostredit feu Seigneur

& pere & de la Noſtre, & par l'aduis
& deliberation de noſtre Conſeil, &
Arreſts d'iceluy, nos Lettres patentes
& autres prouiſions, ſous la ſeureté
deſquelles ils ſont entrez eſdites fermes & traittez, nous y ont rendu le
ſeruice, ayde & ſecours en nos vr-
gens affaires, meſmes de celuy que
nous receuons d'eux en la neceſſité
preſente dont nous ſommes con-
tens & ſatisfaits, & dont les deniers
ſeront eſgalez & departis entre eux,
ſuiuant les roolles qui en ſeront à cet
effect reſolus & arreſtez en noſtre
Conſeil: VOVLONS & nous plaiſt
que tous leſdits Fermiers & traittans
& leurs aſſociez iouïſſent plainement
& paiſiblement de ce qui leur a eſté
accordé par leurs baux & articles &
de tout ce qui s'eſt fait en ſuitte par
Arreſt de noſtre Conſeil, ſans qu'ils
y puiſſent eſtre troublez, recherchez

ny

ny empeſchez en quelque ſorte &
maniere que ce ſoit, nonobſtant
toutes choſes à ces preſentes contraires,encores que les cas ne ſoient
ſi particulierement exprimez : Et en-
tend que beſoin eſt ou ſeroit, de noſtre meſme puiſſance & auctorité
que deſſus, Nous les en auons eux,
leurs vefues, enfans & heritiers, rele-
uez & diſpenſez, quittez & dechar-
gez, releuons & diſpenſons, quittons
& dechargeons par ceſdites preſentes, faiſans tres-expreſſes inhibitions
& defenſes à toutes perſonnes de
quelque qualité & condition qu'ils
ſoient, de faire aucune denonciation
ou plainte pour raiſon des choſes
ſuſdites, circonſtances & dependan-
ces, ſoit pardeuant nos Iuges ordi-
naires ou cours ſouueraines à l'en-
contre deſdits Fermiers & traittans,
leurs aſſociez & intereſſez, vefues &

heritiers, & à nofdits Iuges & Cours d'en prendre cognoiffance, impofant fur ce filence perpetuel à tous nos Procureurs Generaux, leurs Subftituts prefés & à venir,& tous autres. SI donnons en mandement à nos amez & feaux Confeillers les gens de nos Comptes à Paris, faire regiftrer ces prefentes, & le contenu en icelles garder, obferuer & entretenir, fans qu'il y foit contreuenu en aucune forte & maniere que ce foit, nonobftant noftre Edict d'eftabliffement de la Chambre de Iuftice, Declarations fur iceluy, Dons, Arrefts & Lettres à ce contraires, aufquelles & à la derogatoire des derogatoires y contenues, Nous auons derogé & derogeons par ces prefentes: Car tel eft noftre plaifir. En tefmoin dequoy nous auons faict mettre noftre feel à cefdites prefentes. Donné

à Fontainebleau le vingt-septiefme
iour d'Aouft, l'an de grace mil fix
cens vingt-cinq, & de noftre regne
le feiziefme.   Signé,   LOVIS.
    Et fur le reply,   Par le Roy.
            LE BEAVCLERC.
    Et fcellée du grand feel de cire
iaune.
    Et fur le reply eft efcrit :

*Regiftrées en la Chambre des Com-
ptes, Ouy le Procureur General du Roy
aux charges y contenues & en l'Arreft
de ce faict, le feptiefme iour d'Octobre
mil fix cens vingt-cinq.*
    Signé,   GOBELIN.

*EV par la Chambre les Lettres
Patentes du Roy données à Fon-
taine-bleau le vingt-cinquiefme
iour d'Aouft dernier, Signées Louis, &
fur le reply, Par le Roy, Le Beauclerc, &*
            B ij

scellées sur double queuë du grand seel de ci-
re jaune, par lesquelles & pour les causes y
contenuës, Sa Majesté a dit & declaré
n'auoir entendu en la recherche par elle or-
donnée par son Edict d'establissement de la
Chambre de Iustice du mois d'Octobre mil
six cens vingt-quatre, & ses Lettres de
Declaration du vnziesme Nouembre en-
suiuant, y comprendre les Fermiers & adiudicataires de ses Fermes, & les personnes
qui sont entrez & interessez aux partis
faits auec sadite Majesté & le feu Roy
son pere, soit pour lesdites Fermes, vente de
son Domaine, Aydes, Greffes, Offices &
droicts hereditaires, augmentations de gai-
ges, constitutions, rachapts & admortisse-
mens de Domaine, rentes, prests & aduan-
ces de deniers sur lesdites Fermes, traictez
& receptes generales, soit à interests & autres conditions, rachapts, remboursemens,
recompenses, remises, desdommagemens, rabais, diminutions & descharges, que ceux

qui sont entrez esdites Fermes, & traittez,
leurs cautions & associez pourroient auoir
obtenus de sa Majesté, ou dudit feu sieur
Roy, profits & gains qu'ils pourroiët auoir
faicts desdites Fermes & traictez, soit en
la plus valeur de choses qui leur ont esté cedees & delaissees, ou autrement en quelque
sorte & maniere que ce soit, comme n'estans
lesdits Fermiers & Traictans, ny les choses pour lesquelles ils ont traitté auec sa Majesté subiectes à recherche, attēdu que ce qui
a esté fait & arresté auec eux auoit esté de
la volonté dudit feu sieur Roy & de la
sienne, & par l'aduis & deliberation de son
Conseil, Arrests d'iceluy, ses Lettres patentes, & autres prouisions souz la seureté
desquelles ils sont entrez esdites Fermes &
traittez, luy ont rendu le seruice, aide & se-
cours en ses affaires, mesmes de celuy qu'elle
rccoit d'eux en la necessité presente dont elle
est contente & satisfaite, & dont les deniers seront esgalez & departis entre eux

ſuiuant les Roolles qui en ſeront à cet effect
reſolus & arreſteZ en ſon Conſeil. Veut &
luy plaiſt que tous leſdits Fermiers traittás
& leurs aſſociez iouyſſent plainement &
paiſiblement de ce qui leur a eſté accordé
par leurs Baulx & articles, & de tout ce
qui s'eſt fait en ſuitte, ſans qu'ils y puiſſent eſtre troubleZ ny empeſchez en quelque
ſorte & maniere que ce ſoit, ainſi que plus
au long le contiennent leſdites Lettres, les
Lettres de cachet du vingt-deuxieſme Sep-
tembre dernier adreſſantes à ladite Chambre pour proceder à la verification deſdites
Lettres de Declaration, Signées Louis, &
au bas, De Lomenie, Concluſions du
Procureur General du Roy, & tout conſi-
deré, La Chambre a ordonné & ordonne
leſdites Lettres eſtre regiſtrées aux charges
y contenuës, & que les Roolles des taxes
ſeront apportez & mis au Greffe de la
Chambre pour y auoir recours quand beſoin ſera : Deſquelles le Threſorier de l'Eſ-

pargne fera recepte & defpenfe en fon com-
pte par chapitre feparé, fans que lefdits Fermiers & traittans puiffent pretendre aucun rembourfement de leurfdites taxes en
quelque forte & maniere que ce foit, ny fe
puiffent preualoir de ladite Declaration
que leurs baux & rabais n'ayent eflé ve-
rifieꝫ par ladite Chambre, & qu'ils n'ayĕt
compté du prix d'icelles Fermes, iufques &
comprins l'année mil fix cens vingt quatre,
ce qu'ils feront tenus faire dans le dernier
Decembre mil fix cens vingt-fix, à la re-
feruation auffi du fimple des cas excepteꝫ
par ledit Edict de reuocation, & des cor-
rections faites, iugées & à iuger, dont les
pourfuittes ne pourront eftre faites ailleurs
qu'en ladite Chambre, Et que les deniers
qui prouiendront defdites taxes feront vti-
lement employeꝫ aux affaires de la guerre
& neceffiteꝫ de l'Eftat, fans pouuoir eftre
diuertis, à peine de radiation & repetition
contre les Ordonnateurs & parties pre-

nantes. Faict les deux Bureaux assem-
blez le septiesme iour d'Octobre mil six
cens vingt-cinq, *Et au bas,*
Extraict des Registres de la Chambre des Comptes.
Signé, **GOBELIN.**

Collationné aux originaux, par moy Conseiller,
Notaire & Secretaire du Roy.